Los primeros exploradores de Texas

Greg Roza
Traducción al español: Christina Green

PowerKiDS
press™

New York

Published in 2014 by The Rosen Publishing Group, Inc.
29 East 21st Street, New York, NY 10010

Book Design: Michael J. Flynn   Traducción al español: Christina Green

Photo Credits: Cover, pp. 3, 4, 6, 8, 14, 18, 22, 24, 28, 30, 31, 32 (Texas emblem on all),
cover (map), 3–32 (textured background), 9 (skull), back cover (Texas flag) Shutterstock
com; cover (Hernando de Soto and followers), pp. 4 (Native American), 11 (Cabeza de
Vaca), 15 (Hernando de Soto), 22 (La Salle) MPI/Hulton Archive/Getty Images; pp. 5
(map), 17 (map), 20 (map), 25 (map), 27 (map) © GeoAtlas; pp. 7 (map; Seville, Spain)◄
(Cabeza de Vaca), 12–13 (map), 16 (Brazos River), 21 (Coronado expedition), 27 (mark◄
Wikipedia Commons; p. 14 (Hernando de Soto) Archive Photos/Hulton Archive/Getty
Images; p. 19 (pueblo) George Eastman House/Hulton Archive/Getty Images; p. 23 (The
Murder of La Salle) Hulton Archive/Getty Images; p. 25 (salt mine) B. Anthony Stewart/
National Geographic/Getty Images; p. 28 (Espada Mission) Alfred Eisenstaedt/
Time & Life Pictures/Getty Images.

Library of Congress Cataloging-in-Publication Data

Roza, Greg.
   Early explorers of Texas / Greg Roza.
       p. cm. — (Spotlight on Texas)
   Includes index.
   ISBN 978-1-47775-023-0 (pbk.)
   ISBN 978-1-47775-024-7 (6-pack)
   ISBN 978-1-47776-417-6 (library binding)
   1. Texas—Discovery and exploration—Juvenile literature. 2. Explorers—Texas—History—
Juvenile literature. 3. Texas—History—To 1846—Juvenile literature. I. Title.
   F389.R69 2010
   976.4'01—dc22
                                        2009031557

Manufactured in the United States of America

CPSIA Compliance Information: Batch # WW10RC: For further information contact Rosen Publishing, New York, New York at 1-800-237-9932.

CONTENIDO

LOS PRIMEROS EXPLORADORES DE TEXAS

El lugar que hoy se conoce como Texas fue una vez un territorio donde vivían miles de nativos americanos. Los primeros pueblos llegaron allí hace más de 10,000 años. Los nativos americanos de Texas no compartían una **cultura** común. Había más de doce grupos culturales. Algunos compartían idiomas y creencias bastante parecidos, otros eran muy distintos.

Los nativos americanos vivieron en Texas durante miles de años antes de que los exploradores europeos los "descubrieran". Los nativos fueron realmente los primeros **exploradores** de Texas. Algunas tribus nativas ya no existen, como los karankawas y los bidais. Muchos murieron en guerras contra los europeos u otras tribus. Algunos murieron a causa de las enfermedades que los colonos trajeron consigo. Los **sobrevivientes** con frecuencia se marchaban o se unían a otras tribus.

ÁREAS OCUPADAS POR LOS NATIVOS AMERICANOS EN TEXAS

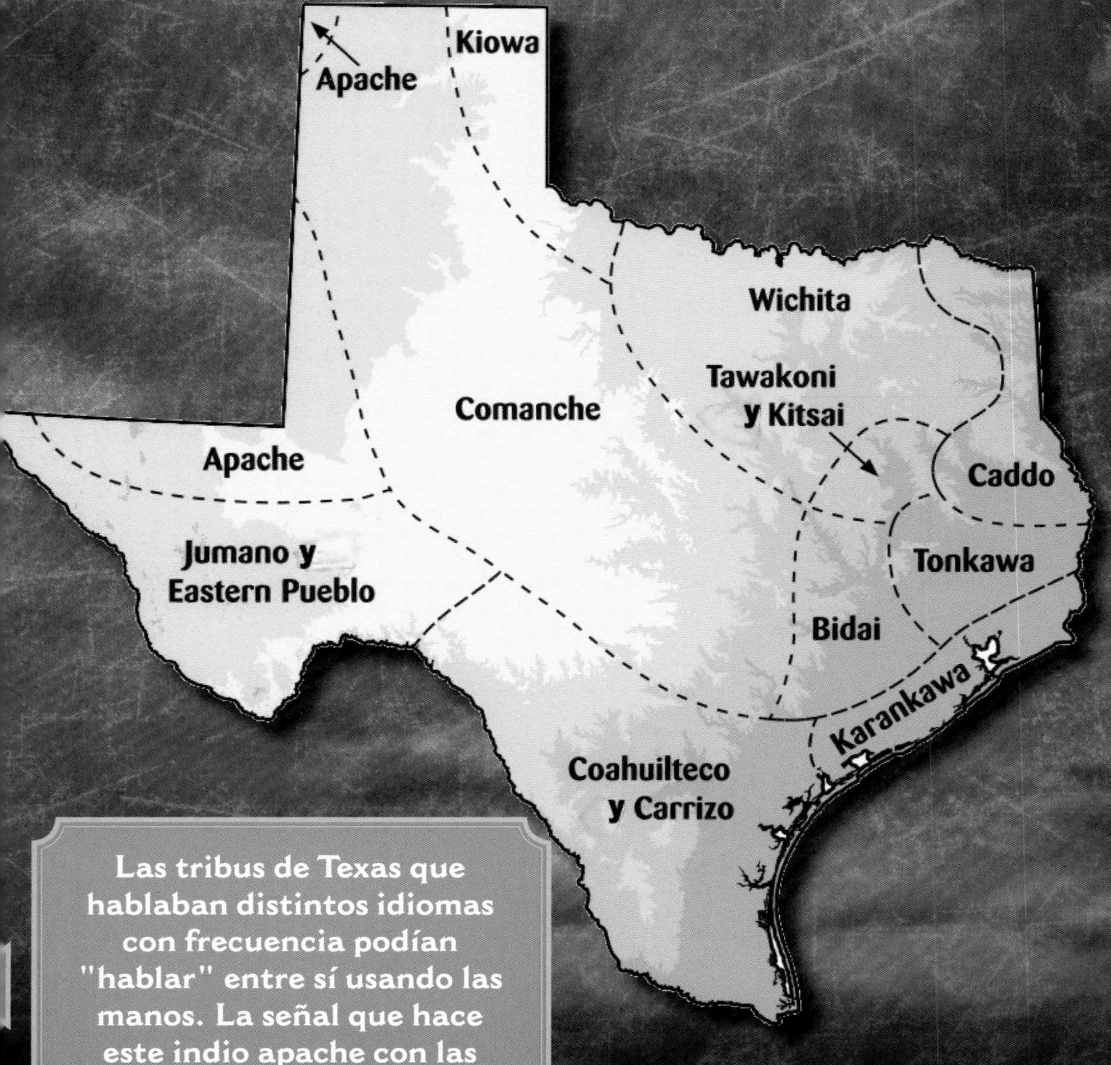

Apache

Kiowa

Apache

Wichita

Comanche

Tawakoni y Kitsai

Caddo

Jumano y Eastern Pueblo

Tonkawa

Bidai

Karankawa

Coahuilteco y Carrizo

Las tribus de Texas que hablaban distintos idiomas con frecuencia podían "hablar" entre sí usando las manos. La señal que hace este indio apache con las manos significa "invierno".

ALONSO ÁLVAREZ DE PINEDA

En 1519, cuatro barcos españoles zarparon de un **puesto fronterizo** situado en la isla de Jamaica en el Mar Caribe. La **expedición** estaba al mando de Alonso Álvarez de Pineda, quien buscaba una **ruta** desde el Golfo de México hacia el océano Pacífico. Los barcos navegaron hacia la costa oeste de Florida y a lo largo de la costa norte del Golfo de México. Luego viajaron descendiendo por la costa de Texas y México y fueron detenidos cerca de Veracruz, México, por el explorador español Hernán Cortés.

La expedición de Álvarez de Pineda fue importante por muchos motivos. Descubrieron que Florida no era una isla, como alguna vez creyeron los europeos. Los exploradores fueron los primeros europeos en ver la desembocadura del río Misisipi, y sobretodo fueron los primeros europeos en trazar el mapa de la costa del Golfo de México, incluyendo la costa de Texas.

El mapa creado durante la expedición de Álvarez de Pineda se considera el primer registro histórico de Texas. Hoy se encuentra en un museo de Sevilla, España.

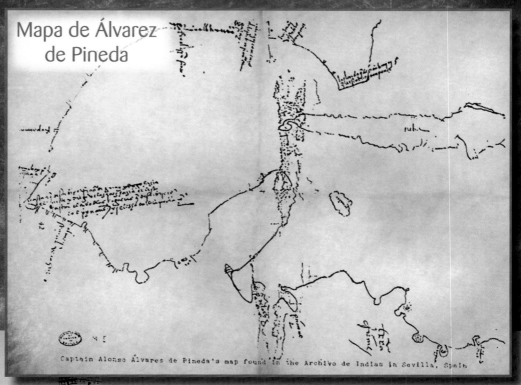

Mapa de Álvarez de Pineda

Captain Alonso Álvares de Pineda's map found in the Archivo de Indias in Sevilla, Spain

Sevilla, España

ÁLVAR NÚÑEZ CABEZA DE VACA

En 1526, el rey de España envió al explorador Pánfilo de Narváez y a más de 400 hombres a Florida. Narváez había recibido la orden de **conquistar** a los nativos americanos en el área. También debía explorar los territorios al norte del Golfo de México. Un soldado llamado Álvar Núñez Cabeza de Vaca integraba la expedición. La travesía de Cabeza de Vaca por Texas es una de las más emocionantes en la historia de América. Es también uno de los primeros relatos históricos de Texas.

No se sabe mucho de los primeros años de Cabeza de Vaca. Sabemos de sus viajes porque escribió un libro en 1537 en español titulado *La Relación*.

¿Y ese apellido?

¿Cómo fue que el apellido de este explorador era Cabeza de Vaca? Puede sonar un poco raro, sin embargo, Álvar Núñez Cabeza de Vaca estaba muy orgulloso de su apellido. Un antiguo miembro de su familia se había ganado el nombre después de una batalla española en 1212, al marcar un paso secreto por la montaña utilizando la calavera de una vaca. El ejército español vio la calavera y usó el paso para sorprender al enemigo. El rey de España honró al hombre con el apellido "Cabeza de Vaca".

En abril de 1528, la expedición de Narváez llegó a Florida, cerca de lo que hoy conocemos como la bahía de Tampa. Narváez se llevó a 300 hombres, entre ellos Cabeza de Vaca, para que exploraran el territorio e hizo partir los barcos. Muchos de los hombres que acompañaban a Narváez murieron en los ataques contra los nativos americanos o por falta de comida. Separados de los barcos, los hombres intentaron llegar a los asentamientos españoles en Cuba en **balsa**. El hambre, la sed y una intensa tormenta mataron a la mayoría de ellos. Sólo sobrevivieron unos ochenta hombres que llegaron a la isla frente a la costa al este de Texas. Probablemente Narváez murió en la tormenta.

Al principio, los nativos americanos recibieron bien a los sobrevivientes. Sin embargo, muchos nativos americanos se enfermaron y culparon a los hombres de la expedición. Durante los siguientes cuatro años, los españoles también sufrieron. La mayoría murió a causa de enfermedades, heridas, falta de agua o comida, y peleas con los nativos americanos. Cabeza de Vaca, sin embargo, sobrevivió.

Cabeza de Vaca se separó del resto de la expedición y luego estuvo muy enfermo. Más adelante se recuperó. Se hizo comerciante entre distintos grupos de nativos americanos. Era incluso conocido como un poderoso curandero.

Con el tiempo, Cabeza de Vaca se encontraría con los tres últimos sobrevivientes de la expedición, entre ellos un esclavo africano llamado Estevanico. Los indios mariame los capturaron y los esclavizaron. Los cuatro sobrevivientes se escaparon en 1534 y viajaron hacia el oeste, con la esperanza de encontrar un puesto fronterizo español.

En el camino, se encontraron con muchos nativos americanos. Algunos de ellos les contaron de grandes riquezas por descubrir.

Los historiadores no están seguros del camino exacto que siguieron los sobrevivientes. Sin embargo, los registros de viaje de Cabeza de Vaca hacen mucha referencia a la tierra y a los nativos americanos de Texas y México. Los cuatro hombres viajaron por la costa de Texas. Luego viajaron hacia el noroeste, quizás siguiendo el Río Grande. Cruzaron hacia el sudoeste hacia el Océano Pacífico. En algún punto de la costa del Pacífico se encontraron con un grupo de soldados españoles. Los soldados los guiaron hasta Ciudad de México. En 1537, los cuatro hombres regresaron a España.

Este mapa muestra una posible ruta tomada por Cabeza de Vaca luego de llegar a Florida con la expedición de Narváez.

ía Apalachee

Bahía Tampa

Florida

Océano Atlántico

Hernando de Soto y Luis de Moscoso Alvarado

Antes de partir hacia Norteamérica, el explorador español Hernando de Soto hizo fama y fortuna en América del Sur. A principios de la década de 1530, se unió a una expedición para conquistar a los incas. Regresó a España un hombre rico.

De Soto escuchó de las riquezas en Norteamérica de las que hablaba Cabeza de Vaca en sus relatos. En 1538, reunió a una tripulación de 600 hombres y zarpó hacia Florida. Los siguientes cuatro años exploró el sudeste de los Estados Unidos. Los historiadores no están de acuerdo sobre la ruta que siguió. Sin embargo, coinciden en que de Soto murió de fiebre cerca del río Misisipi en lo que es hoy Arkansas. Antes de morir, de Soto puso a Luis de Moscoso Alvarado al mando de la expedición.

Hernando de Soto

Para que no lo atacaran, de Soto les dijo a los nativos americanos que era un dios. Cuando murió, el resto de la expedición ocultó su cuerpo. Les preocupaba que los nativos americanos se enojaran por el engaño de de Soto.

idea de un artista sobre la expedición de de Soto

Moscoso se hizo cargo de la expedición de de Soto en junio de
1542. Decidió marchar hacia el oeste dentro del territorio español y
no navegar por el río Misisipi. Hay quienes dicen que los hombres
comenzaron a viajar hacia el oeste por Arkansas y luego hacia el
sur hasta que llegaron a Texas. Los historiadores han tratado de
imaginar la ruta que siguieron usando los nombres nativos americanos
indicados en el relato de la expedición.

Río Brazos

Es probable que Moscoso haya llegado hasta el río Brazos y quizás mucho más adentro de México. El grupo tenía problemas de **comunicación** con los nativos americanos locales. También comenzaron a escasear las provisiones. Moscoso comandó a los hombres de regreso hacia el río Misisipi. Construyeron embarcaciones y navegaron río abajo por el Misisipi y a lo largo de la costa de Texas hasta México.

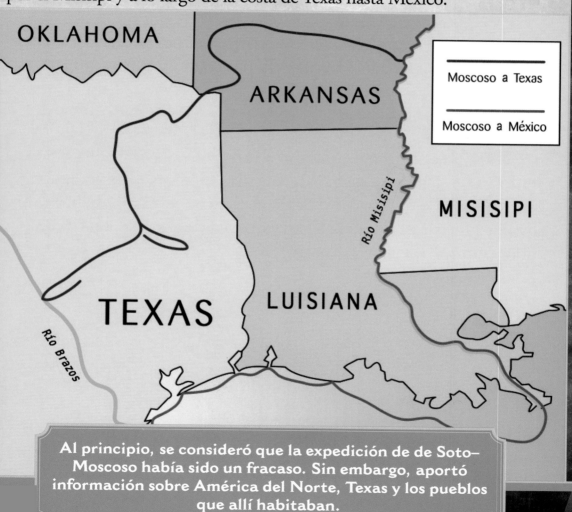

Moscoso a Texas

Moscoso a México

Al principio, se consideró que la expedición de de Soto–Moscoso había sido un fracaso. Sin embargo, aportó información sobre América del Norte, Texas y los pueblos que allí habitaban.

La búsqueda de las Siete Ciudades de Oro

Cabeza de Vaca contó que los nativos americanos hablaban de ciudades llenas de riquezas. Algunos creían que se trataba de las **legendarias** Siete Ciudades de Oro. En 1539, los funcionarios españoles en la Ciudad de México enviaron a Marcos de Niza a comprobar la historia de Cabeza de Vaca. Estevanico lo acompañó como guía.

Niza regresó a Ciudad de México unos meses más tarde y dijo haber visto de lejos una de las ciudades de oro. Sin embargo, los nativos americanos habían matado a Estevanico y Niza había huido aterrorizado. Dijo que la ciudad, llamada Cíbola, era más grande que la Ciudad de México. Probablemente haya visto un **pueblo** zuni situado a unas 150 millas (240 km) al oeste de la actual ciudad de Albuquerque, Nuevo México.

Esta foto muestra cómo se veía el pueblo zuni en 1873.

▷

Los oficiales españoles escogieron luego al explorador Francisco Vázquez de Coronado para que encontrara y conquistara las Siete Ciudades de Oro. Vázquez de Coronado partió de México en abril de 1540 con unos 1,000 hombres, y con Niza como guía. En julio de 1540, Coronado conquistó el asentamiento zuni pero no encontró riquezas.

Coronado siguió viajando hacia el noreste para continuar buscando las Siete Ciudades. También buscó otra ciudad de oro llamada Quivira. La expedición cruzó hacia el norte de Texas. La tierra era tan llana y plana que algunos exploradores se perdieron. La travesía culminó al norte del río Arkansas en Kansas. Jamás encontraron las Siete Ciudades de Oro ni Quivira. La expedición emprendió el regreso a la Ciudad de México en 1542.

En 1996, cerca de Floydada, Texas, se encontraron clavos, puntas de flecha y otros utensilios dejados por la expedición de Coronado. Un artista nos muestra aquí cómo imagina la expedición de Coronado.

René-Robert Cavelier, Sieur de La Salle

Entre 1669 y 1682, el explorador francés René-Robert Cavelier, Sieur (Señor) de La Salle exploró el territorio desde Los Grandes Lagos hasta el Golfo de México. Reclamó el río Misisipi y sus alrededores para Francia. En 1682, dio el nombre de La Louisiane (Luisiana) a la región en honor al rey Luis XIV.

En 1684, La Salle condujo una expedición al Golfo de México. Él y sus hombres desembarcaron en la bahía de Matagorda. En 1685, estableció el fuerte de San Luis, el primer y único asentamiento francés en Texas. Esto le permitió a Francia reclamar una parte aún más grande del "Nuevo Mundo". La Salle exploró Texas entre los ríos Pecos y Trinidad. El 19 de marzo de 1687, fue asesinado por uno de los integrantes de su expedición en lo que hoy es Navasota, Texas.

René-Robert Cavelier, Sieur de La Salle

Muchos historiadores piensan que los hombres de La Salle lo mataron porque creían que era un mal líder. Sus barcos se habían perdido en la travesía a la bahía de Matagorda. También fueron atacados por los piratas.

ALONSO DE LEÓN

El gobierno español pronto recibió las noticias de las exploraciones de La Salle a lo largo del río Misisipi y en Texas. Los asentamientos franceses en sus territorios preocuparon a los españoles. El asentamiento de La Salle hizo que España se interesara en establecer sus propias colonias.

El gobierno español envió al explorador Alonso De León para expulsar a los colonos franceses. De León hizo cuatro expediciones a Texas entre 1686 y 1689. Cuando finalmente llegó al fuerte de San Luis en 1689, encontró que estaba desierto.

Alonso De León se hizo rico explotando una mina de sal. La minería de sal todavía forma parte de la economía de Texas.

El hombre adecuado para la tarea

Alonso De León había nacido alrededor de 1640 en una sección de territorio español al noreste de México llamada Nuevo León. Fue enviado a estudiar a España a los 10 años. Pasó un breve período en la marina española.

Luego De León volvió a su tierra natal para explorar y ganar dinero con las minas de sal. Los funcionarios españoles pensaban que, por su experiencia, era la mejor persona para explorar la Texas española y deshacerse de los colonos franceses.

mina de sal

Nuevo León

In 1687, De León fue nombrado gobernador del territorio español al sudoeste de Texas llamado Coahuila (ko-a-UI-la). En 1690, ayudó a establecer la primera **misión** española al este de Texas. Se le llamó San Francisco de los Tejas. De León también apoyó la idea de crear muchas más misiones en Texas. Las misiones ayudaron a los españoles a difundir su cultura y su religión entre los nativos americanos en Texas. También sirvieron como centros comunitarios para los primeros colonos.

De León es recordado por su importante labor de **abrir caminos** en Nueva España. Sin embargo, los caminos a lo largo de los cuales escogió crear las misiones en Texas no eran nuevos. Siguió los viejos senderos de los nativos americanos y así, De León ayudó a establecer el Viejo Camino de San Antonio. Otros siguieron usando la ruta de De León. Se transformó en un camino bien marcado a través de la frontera.

El Viejo Camino de San Antonio tiene varios nombres, entre ellos King's Highway y Camino Real. Muchos caminos usan estos nombres. Aquí se muestra una de las rutas principales.

Arkansas

Luisiana

Natchitoches

TEXAS

Viejo camino de San Antonio

Austin

Houston

San Antonio

Guerrero

Golfo de México

EL FIN DE LAS EXPLORACIONES

Para los años de 1700, el período de las primeras exploraciones en Texas había terminado. España pronto estableció los primeros asentamientos permanentes en Texas. Para fines de los años 1700, había unas 26 misiones españolas en Texas. Aunque las misiones comenzaron como puestos fronterizos españoles, los primeros asentamientos en Texas se desarrollaron a su alrededor. Los primeros colonos de Texas vivían alrededor de las misiones en San Antonio, Goliad y Nacogdoches.

A medida que creció el interés por asentarse en Texas, los primeros colonos estadounidenses llegaron al este de Texas. Encontraron que las tierras eran perfectas para la agricultura y la cría de ganado bovino. Con el tiempo, otras personas también exploraron y colonizaron las regiones del centro y del oeste de Texas. ¿Cómo crees que sería Texas hoy si no fuera por los primeros exploradores?

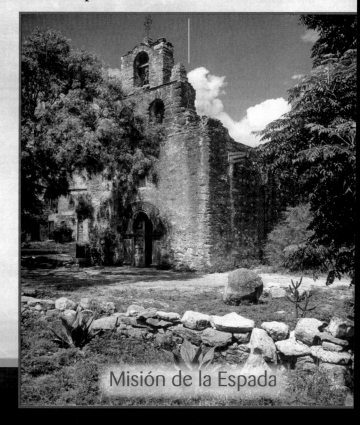

Misión de la Espada

PRIMERAS EXPLORACIONES EUROPEAS EN TEXAS

Álvarez de Pineda comienza la exploración de la costa del Golfo, incluyendo Texas.

1519

1528 La expedición de Narváez, que lleva a Cabeza de Vaca, desembarca en Florida.

La expedición de de Soto zarpa hacia Florida.

1538

1539 Niza y Estevanico ven un pueblo zuni en Nuevo México mientras buscan las Siete Ciudades de Oro.

Coronado inicia la búsqueda de las Siete Ciudades de Oro.

1540

1542 De Soto muere de fiebre cerca del río Misisipi. Moscoso asume el mando de la expedición y se dirige hacia Texas.

La expedición de La Salle desembarca en la bahía de Matagorda.

1684

1685 La Salle construye el fuerte de San Luis.

De León encuentra desierto el fuerte de San Luis.

1689

1690 De León ayuda a establecer la primera misión española al este de Texas.

La misión San Francisco de la Espada fue una de las primeras misiones españolas. Algunas partes ya estaban construidas en 1745.

PROYECTOS DE RESPUESTA DEL LECTOR

- Escoge uno de los exploradores mencionados en este libro. Imagina que eres un soldado que lo acompaña en la exploración de Texas. Escribe una carta a alguien contándole acerca del explorador y tus viajes. Incluye un mapa de la expedición.

- Escoge dos exploradores de este libro de los que quisieras saber un poco más. Usa este libro, el Internet y la biblioteca para encontrar datos sobre estos dos exploradores. Para cada explorador, busca la fecha de su nacimiento y de su muerte, en qué país nació, la cantidad total de expediciones, qué hizo para tener fama y cualquier otro hecho interesante. Usa los datos para hacer una tabla o gráfica comparativa de ambos exploradores. Si quieres un desafío adicional, agrega uno o dos exploradores más a la tabla.

- Haz una lista de cosas que en tiempos de los exploradores eran distintas a las que se encuentran hoy en Texas. Luego haz una lista con algunas cosas que son iguales. Usa las listas para ilustrar dos dibujos que muestren cómo el Texas del pasado y el Texas de hoy son distintos o iguales.

GLOSARIO

abrir caminos (a-BRIR ka-Mi-nos) abrir nuevos senderos dentro de un territorio salvaje.

balsa (BAL-sa) Una especie de embarcación plana.

comunicar (ko-mu-ni-KAR) Compartir hechos o sentimientos.

conquistar (kon-kis-TAR) Tomar el control de un lugar por la fuerza.

cultura (kul-TU-ra) Las creencias, prácticas y el arte de un grupo de personas.

expedición (eks-pe-di-siÓN) Un viaje con un propósito. También, el grupo de personas que hacen el viaje.

explorador (eks-plo-ra-DOR) Una persona que viaja a un lugar nuevo.

legendario (le-jen-DA-rio) Relacionado con una historia que se cuenta muchas veces que probablemente sea inventada o que sólo una parte es cierta.

misión (mi-siON) Un lugar donde la gente enseña su fe y su forma de vida a otras personas.

puesto fronterizo (PUES-to fron-te-RI-so) Un puesto militar en un lugar alejado del país que la ha establecido.

pueblo (PUE-blo) Una población de nativos americanos con casas cuadradas y conectadas, hechas de piedras o ladrillos de lodo.

ruta (RRU-ta) Un camino que alguien sigue.

sobreviviente (so-bre-vi-viEN-te) Alguien que superó con vida un hecho peligroso.

ÍNDICE